JN439634

곽진희 시집

늘 행복한 교실

늘 행복한 교실

곽진희 시집

1판 1쇄 인쇄/ 2023년 8월 25일
1판 1쇄 발행/ 2023년 8월 30일

지은이 / 곽 진 희
펴낸이 / 우 희 정
펴낸곳 / 도서출판 소소리

등록 / 제300-2007-21호
주소 03073 서울 종로구 성균관로5길 39-16
전화 / 765-5663, 010-4265-5663
e-mail: sosori39@hanmail.net

값 12,000 원

*잘못된 책은 바꿔드립니다.

ISBN 979-11-5891-183- 6 03810

*이 책은 강원특별자치도, 강원문화재단 후원으로 발간되었습니다.

늘 행복한 교실

곽진희 시집

시인의 말

『나는 밥이다』에 이어 두 번째 시집이다.

의도치 않게 문해교육사가 되었다.

'늘 행복한 교실' 어르신들은 저마다의 살아오신 나날들이 소설이다. 노년에 국가에서 공부하게 해줘서 나라님께 너무너무 고맙다 하신다.

어르신들은 여자라는 이유로, 배움도 오빠와 남동생에게 양보하고 부모님을 도우며, 부모님이 정해준 이웃으로 시집오셔서 팔십이 넘도록 사셨다. 스스로에게 가스라이팅을 하며 살아오셨다. 시부모님 모시고 남편과 자녀 뒷바라지에 몸이 부서져라 일하며 살아내셨다. 급속히 변하는 사회 속에서 농사든 장사든 근면 성실이 몸에 배어서 자식도 훌륭하게 길렀다. 그러나 이분들의 마음속 한은 드라이아이스만큼 냉랭하고 딱딱하게 자신을 사랑할 줄 모르고, 그냥 살다가 죽는 게 팔자라고 여기셨다. 연세가 들수록 첨단세대가 어르신을 움츠리고 작아지게 만들었다.

평균연령 80세 "내가 얼마나 살다가 죽는다고 이 나이에 공부해." 하시더니 3년을 공부하고 나니 한글도 읽고 셈도 하시고 한자, 알파벳도 잘 읽으신다. 또 몇 분은 치매예방 할 겸 취미생활로 멋스럽게 살기 위해 오신다.

이제는 디지털 문해를 해야 된다. 스마트폰 활용과 식당 음식 주문, 교통편 예매 등 모든 생활이 디지털화 되어있다. 한쪽귀로 들어와 한쪽귀로 나간다는 공부가 가랑비에 옷 젖듯이 몸에 배어드니 디지털도 자꾸자꾸 들으면 알 수 있다고 말씀드렸다. 수업 끝날 때 즐거운 마음으로 돌아가시라고 유행가를 하는데, 나 스스로도 노력했더니 실력이 늘었는가, 지금은 우리 학습자님들이 응원해 줄 테니 전국노래자랑을 나가라고 하신다.

백세시대에 얼마가 될지 모르지만 말랑말랑하고 따스한 교원으로 어르신들의 핫팩이 되어 치유하며 배우며 가르치는 선생님이 될 것이다.

2023년 8월

저자 곽진희

· 시인의 말 —· 저자

1. 억새꽃

같음과 다름 —· 14
안마의자 —· 15
억새꽃 —· 16
자동차·1 —· 17
자동차·2 —· 18
백두산 자작나무 —· 19
쌍박사의 집 —· 20
소금산 출렁다리 —· 21
동아리 —· 22
볏짚 —· 23
이야기 주머니 —· 24
인어공주들 —· 25
신용카드 —· 26
어머니 병실 —· 27
폐닭 —· 28
한탕주의 —· 29
세대차이 —· 30
산 너머 산 —· 31
소나무 담쟁이 —· 32
고목에 꽃피는 날 —· 33
배신자 —· 34
동해바다 지킴이 —· 35
요양원에서 —· 36

2. 행복한 교실

그리운 어머니 —· 38
아버지 —· 40
지하철 2호선 —· 41
목화솜 이불세트 —· 42
쌈지길 —· 43
진품과 모조품 —· 44
착한 암 —· 45
종이호랑이 —· 46
질투 —· 48
늘 행복한 교실 풍경 · Ⅰ —· 50
늘 행복한 교실 풍경 · Ⅱ —· 51
늘 행복한 교실 풍경 · Ⅲ —· 52
늘 행복한 교실 풍경 · Ⅳ —· 53
늘 행복한 교실 풍경 · Ⅴ —· 54
늘 행복한 교실 풍경 · Ⅵ —· 56
늘 행복한 교실 풍경 · Ⅶ —· 57
늘 행복한 교실 풍경 · Ⅷ —· 58
가뭄 —· 59
봄을 부르는 소리 —· 60
합강소 —· 62
고장 난 자동차 —· 63
야간버스 —· 64
자동차 타이어 —· 66

3. 짝사랑

인생여정 —· 68
입영하던 날 —· 69
기싸움 —· 70
아련한 기억 —· 71
별 그림자 —· 72
코비드19 —· 73
전나무 숲길 —· 74
알고 있다 —· 75
거미집 —· 76
태풍 —· 77
시한부 —· 78
짝사랑 · Ⅰ —· 79
짝사랑 · Ⅱ —· 80
짝사랑 · Ⅲ —· 81
둥지 —· 82
샌드위치 고통 —· 83
내 맘대로 안된다 —· 84
지구를 살리자 —· 85
욕심 —· 86
살림 밑천 —· 87
천국의 계단 —· 88
황혼 —· 89
가을 저녁 —· 90

4. 비밀번호

스포츠 경기 —· 92
선생님 가족 —· 94
인천댁 —· 95
대장간 집 천사표 —· 96
학교 가는 건 행복하다 —· 97
이대로만 있어줘요 —· 98
꿈엔들 만나고 싶다 —· 99
두 집 살림 —· 100
호랑나비 —· 101
늙어가는 농어촌 —· 102
비밀번호 —· 103
안경 —· 104
손가락 —· 105
선거 —· 106
코비드19 후 —· 107
호기심 —· 108
장맛비 —· 109
의사 선생님 말씀 —· 110
실버카 —· 111
지팡이 —· 112
개보다 낫다 —· 113
개는 이래야! —· 114
일회용품 —· 115

5. 커피나무

대관령에 살고 싶다 —· 118
꽃순이 —· 120
교통지옥 —· 122
시험 —· 123
손주 탄생 —· 124
눈과의 전쟁 —· 125
청산도 —· 126
완도여행 —· 127
무인도 —· 128
수와 우의 결혼 —· 129
커피나무 —· 130
서커스 월드 —· 131
혼합향 —· 132
미탁 —· 133
그랜저 —· 134
금쪽이 —· 135
네일아트 —· 136
사철나무 —· 137
가족 —· 138
채석강 —· 139
한 달 살기 —· 140
물티슈 —· 141
함께 살자 —· 142
윤슬 —· 143

1.

억새꽃

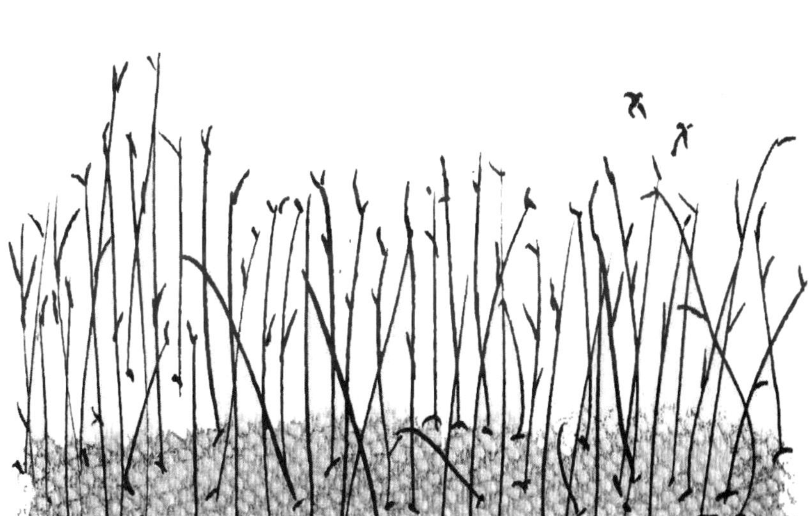

같음과 다름

특별해 보이는 아이가 카페로 온다
이것저것 궁금한 아이는
눈과 손으로 주변을 탐색중이다

무엇이든 지친 듯 말리는 엄마

진열대 도자기를 떨어뜨린 아이
성공한 기쁨에 마음이 들떴다

사장님 얼굴이 무거워진다

눈물을 삼키며 주섬주섬 줍는
슬픔이 배어있는 아이엄마 모습
옆 자리 할머니들이 진정시킨다

아이의 다름을 이해한
사장님과 우리들 얼굴이 밝아졌다.

안마의자

그대 품에 안기면
온몸을 긁어주듯 시원해
저절로 잠이 들지요

메뉴를 누르면
온몸 곳곳을 헤집고 들어가
주무르고 조이는 마술 손

당신께 이 몸 맡겨
힘없이 당기면 끌려가고
놓으면 제자리로 돌아오며
둘이 하나되어 천국을 맛본다.

억새꽃

칼바람에 춤추는 꽃

가녀린 허리가 부서지고
탈수와 굶주림에도
시들 줄 모르는 꽃

흰머리에
서리꽃 눈꽃이 피어도
바람이 흔들어 주면
오뚝이처럼 피어나는 꽃

언제나 그 자리에 서서
나그네에게 목례하며
흔들어 주는 하얀 손가락

겸손할 줄 알고
무명저고리 흰 버선
뿌리로 지켜낸 억새 숲
그대는 나의 어머니 꽃.

자동차 · 1

처음 만남이 설렌다
평균수명 15살
피부에서 나오는 광이
거울처럼 빛난다

어린 나이에
사고로 불지옥도 가고
오랜 세월
일터에서 노화되어
구급견인 응급실도 일쑤다

우리들의 공동묘지
부위별로 해체시켜 켜켜이 쌓여
재생용 중고부품으로 탄생
쓰레기는 용광로 불꽃상여.

자동차 · 2

- 헤드라이트

캄캄해야 길을 찾는
빛의 자녀다

한쪽 눈을 잃으면
햇빛이 눈부셔
어둠 속에서 눈동자 이식

봉사가 눈을 뜨니
터널도 시골밤길도
끝없이 달릴 수 있다.

백두산 자작나무

너덜거리는 무명옷
한 세기 속에 묻힌
서파의 가녀린 여인들

조국 떠나 타국생활
영산의 독립군 되어
식솔들과 고행이다

산허리서 흔든 마지막 손
백년이 지나도록 흘리는 눈물이
백두산 천지 호수를 이루고

죽어서도 힘든 길
뒤틀리고 찢어진 자작나무로
백팔계단 곱게 서서
고국 관광객을 맞이한다.

쌍박사의 집

닦고 조이고 기름칠하는
그곳은 늘 시끌벅적
쇳소리만큼 삶도 강했다

3D 업종이라 불리더니
자동차가 필수품이 되니
정년 없는 직업이라 부러워한다

조실부모 시린 가슴
녹여준 아내가 나를
기러기 만들어 놓고
아이들과 도시로 떠났다

혼자 먹는 밥과 외로움도
책임져야 할 가족이 있기에
지난날과는 사뭇 다르다

기름밥을 먹고 자란 아이들
쌍박사 가문 이루어 과학의 세계로
가족들 얼굴이 꽃이 되었다.

소금산 출렁다리

천렵하기 좋던 곳에
출렁다리를 매달았다

한발 한발 내딛을 때마다
흔들리는 다리가
개다리 춤을 춘다

쳐다보면 높은 하늘
앞을 보면 오색단풍
반석 위로 흐르는 강물
가을을 선물하는 소금산

다함께 모여 웃는 단풍
좋아하는 사람과 찍는 피사체
두려움이 즐거움 되는 출렁다리.

동아리

광화문 광장
촛불잔치 힘겨루기로
쓰레기 상처만 남는다

세렝게티 들판
동물마다 평온하게 보여도
먹고 먹히는 전쟁터다

바다 속 물고기 떼
작은 고기 먹고 먹히기
끼리끼리 모이는 동아리다

함께 못하면 따돌림
올곧으면 뒤통수 맞기
둥글게 사는 게 힘들다.

볏짚

황금 드레스
알곡은 곡간으로
몰빵하니
쭉정이만 남았다

이앙기로 논바닥에 떨어져
켜켜이 둘둘 말리어
공룡 알이 되었다

하얀 붕대로 곱게 포장된
숨 막히는 두려움
어디로 갈까.

이야기 주머니

외할머니는 이야기 주머니였다

동물소리 바람소리 귀신소리
임금님이 되었다가
거지도 되는
성우였다

내가 외할머니 되어
이야기 주머니를 풀어 놓으니
재미없어 한다

CD플레이어 모니터 AI가
내가 설 자리를 뺏었다.

인어공주들

회갑여행을 가서
소녀가 되었다

수영복에 걸친
타월을 던져버리고
찍어보는 사진

며느리 아내 엄마 벗고
호기심에 깔깔대며 던진 낚시
용궁마마로 알고 따라온 월척

굽이굽이 바통고개를 돌아
하늘과 바다가 맞닿은
푸켓 산호와 대왕조개
즐거웠던 인어공주들

손발톱에 붙여본 스티커
처음해 보는 신기함
마음껏 까르르 팔짝거린 여행.

신용카드

돈 없이
카드로 사는 세상

직불 후불 할부
나를 대신하는 카드

어디서든
바코드로 확인되는 등급

해킹이 두려워
의심부터 하는 마음

신용카드
하나면 해결되는 현실.

어머니 병실

겉치레 좋아하시며
하루도 몇 번씩 울긋불긋
갈아입던 카멜레온

요양병실 병든 어머니
흰 바탕 푸른 글씨 단체복

목숨 줄 이어주는
산소호흡기와 링거선

침대에 붙여진 명찰만
바라보는 가족

밤새 헐떡이던 숨소리
삐삐거리는 심전도
불안한 밤이 흘러갔다.

폐닭

갈 곳 잃은 폐닭을
닭장 속에 사다 넣었다

늙어서일까
싸워서일까
산물 이곳저곳에 보이는
원형탈모

물과 모이를 주고
쾌적하게 했더니
치유되어 달걀로 답례

홰에 올라가 잠들고
둥지에서 알을 낳고
요양원 거실에서 꼭꼭거리는
어머니다.

한탕주의

과자 냄새 맡고
달려온 개미가
젖 먹던 힘까지 보태어
물고 간 먹이

청소기에 빨려들고
빗자루에 쓸려가고
물걸레에 으스러져도

한 번에 물고 간
과자로 손자까지 먹는
목숨 건 한탕주의

세대차이

N극과 S극이 당기는 힘
뗄수록 붙는 애절함

혼전 동거

딸에겐 엄격한 잣대
아들혼전 추월은 혼수라고
싱글벙글

이기주의 문화

책임지기 싫다는
비혼 선언

풍요롭지만 살기 힘든
청춘들의 가슴 아픈 속내
안타까운 부모 마음.

산 너머 산

엄마 품에 안겨서
하늘이 닿은 산에 오르면
하늘 구름 바람나라일까

혼자 걸어서
능선에 올라가니
산 너머 뫼산이다

지팡이랑 올라오니
그 높던 산
악산이 야산이고
넓던 강도 개울이다.

소나무 담쟁이

늘씬한 허리 휘어 감고
얼굴을 맞대며
날름대는 혀

여름철 푸른 줄기가
가을날 취한 얼굴을 하고
숨통을 조여 오는 구렁이

비바람 뙤약볕도
연리지로 살아온
소나무와 담쟁이

약효란 소문에
잘려나가는 담쟁이
헐벗는 소나무와 이별을
아쉬워 흔드는 솔잎.

고목에 꽃피는 날

마을 가운데 정자 한 그루
철 따라 새도 매미도 노래했다

여름철
그늘 아래 펴놓은 멍석 위는
누구나 쉬어가는 쉼터였다

정자는 고목이 되고
나뭇가지는 잎을 잃고
나무 밑에 뛰노는
아이가 사라지니
꽃도 벌도 없다

정자도 사라지고
그루터기만 남아
늙어가는 시골에
애기울음이 터지면
고목에도 꽃이 핀다.

배신자

수십 년 전
나에게 와준 딸

아이가 웃으면 나도 웃고
아이가 울면 나도 울며 살았다

하얀 드레스에 면사포 쓰고
웃으며 떠나는 배신자

할머니 만들어 준다는 말이
내가 엄마 될 때보다 좋다.

동해바다 지킴이

모래알만큼 찌든 해변
꼬인 키를 자랑하는
바다와 육지 사이에서
순찰하듯 서 있는 해송

동서풍에 시달리며
짜고 싱거운 반찬
편식하며 자라난 불균형
뿌리 깊은 해송

거룩한 몸에 들어오는 세균
동해를 지키는 철벽수비
영토의 푸른 장성들

일출과 석양이 토해
뿜어내는 솔 향이
폐부로 들어가도
끄떡없는 울교회 사모님

요양원에서

갓 태어나
고물거리는 벌레 같이
웃음으로 인사하는 아기

옷을 입고
신분 노출하면
즈려보아 등급잡지만

요양원 원생들
시켜서일까 스스로일까
단체복을 입고 웃음 띤 얼굴
꿈틀거리는 굼벵이 같이
고물거리는 애기되어
갓 태어난 모습이다.

2.

행복한 교실

그리운 어머니

엄마가 안계시니
엄마와 여행을 가고 싶다

수학여행을 가도
다른 친구들보다
용돈 적다고 투정하고
결혼식 때도
기둥뿌리 안 뽑았다 투덜거렸다

돈은 엄마가 낼게
모녀가 여행하자 할 때도
바쁘다며 마음대로 돌을 던져도
받아주는 호수로만 알았다

내가 엄마 되어
투정을 토할 때마다
끝없이 깊은 바다가 되어준
그게 바로 엄마라 하셨다

이젠
불러도 찾아가도 없으니
자랑도 푸념도 지혜를 구할 곳도
잃고서야 소중함을 깨달았다.

아버지

아버지에게
야단 한번 안 듣고
매 한번 안 맞고 자랐다

겁주던 엄마
아버지가 화나면
달랠 사람 막을 사람 없다

호랑이를 막아줄 사람
천둥 번개처럼 무서운 사람
따뜻한 말 한마디 없던 사람

사랑 없이 사랑하고
무표정에 뜨거운 가슴을 숨기고
말없이 지켜주신 그분이
바로 아버지였다.

지하철 2호선

팽이의 몸부림
서울메트로 순환선

시민의 발이라 불리는
지하도에서 읽는 시
스쳐지나가는 거리
차창 밖 생동하는 사람들
심심찮은 볼거리

어르신 무임승차
철로를 기는 구렁이가
소소한 시민들 눈요기.

목화솜 이불세트

딸 시집보낸다고
건넛마을 팔자 좋은
할머니 모셔와 만든 이불

침대에 밀리고
세월 따라 좋아진
가벼운 순면 차렵이불

기념물이라 버리지 못해
장롱 속 골동품이 된
목화솜이불

십 수년 만에
다시 틀어 꿰맨 이불
지난 세월이 무거워
못 덮는다.

쌈지길

인사동에 가면
골동품도 많이 있고
미술재료도 많을 줄 알았다

나도 모르는
귀한 것을 찾았지만
질 낮은 수입품 뿐

쌈지길 따라가도
표정 없는 마네킹
가게마다 웃음 잃은 점원

하늘정원 옥상카페 앉아
내려다보니 상술치는 판
아메리카노 한잔이 위로한다.

진품과 모조품

안과에 가면
선글라스 안경 렌즈
진품은 없고 모조품이 명품이다

의술과 미용이
함께 모인 대기실은
저마다 생각이 다르듯
치료도 제각각이다

국민병 당뇨
합병증 무서운 나는
진품을 잃고 모조품이 간절하다

비 오는 창틀
한 가닥 거미줄 매달려 놀다
햇살에 놀라 안간힘 쓰며
줄타기하는 한 마리 거미다.

착한 암

'암'이란 선고가
많은 고뇌를 주더니
단순하게 평온이 온다

조기발견
착한 암이라
건네는 위로도 부질없다

죽이면 죽으리라
인류를 품는 넓은 마음은
어디서 왔을까

비웠더니 채워진다

놓았던 손, 힘들어 간 주먹
수술 후 회복되는 몸속에
삶의 욕심이 붙어 들어온다.

종이호랑이

- 하서 김시철

대화도서관에서
하서문학 강좌가 열렸다
문학에 관심이 많던 터라
기대하고 갔던 나는
호랑이 선생님을 만났다

커다란 키에 부라린 눈매
무릎을 꼬고 앉아
쩌렁쩌렁한 음성으로
돌직구를 날리는 모습은
상수를 누릴 듯했다

망백에 낡은 몸
리모델링도 안 되니
하나 둘 삭아 내린 근육은
바람 불면 날아갈 듯
종이호랑이 신세다

따뜻한 봄날
아끼던 후학과 자녀도 남겨둔 채
호랑이는 종이 날개를 펴고
높이 멀리 날아갔다.

질투

엄마 냄새가 그리워
찾아가도 엄만 늘 동생 것
한 번도 안겨본 기억이 없다

엄마 팔 베고
가슴에 매달려 아양 떠는
동생이 늘 부럽다

엄마 등만 끌어안고 매일 밤
미움과 원망과 외로움을
소리 없는 눈물로 채웠다

어느 날
불덩이가 되어버린 아이
순두부를 올리며 몰아쉬던
숨이 조용히 사라졌다

나의 질투로
엄마의 허한 가슴은
다른 동생이 오고 또 와도
구멍 난 채 할머니가 되어 떠났다.

늘 행복한 교실 풍경 · I
- 반장

수채화 시낭송 노래교실
병의원 노인대학 문해교실
오라는 곳도 갈 곳도 많다

철도청 퇴직한 지
강산이 세 번 가까이 변한다

수업 전에 오셔서
차렷, 경례 시키고
낱말 받아쓰기 하다가
금세 닭처럼 졸고 있다
잠결에 벌떡 일어나
병원 가신다며 나가신다

그래도 매일 부푼 가슴으로
자전거에 과일 싣고 오셔서
학우들 챙기는 우리 반장님.

늘 행복한 교실 풍경 · II

- 부반장

딸로 태어나
오빠 남동생들에게
학업 양보하고
아내란 이유로
가족과 친지를 챙겼다

다 같이 책을 읽어도
옆 사람에게 목소리 양보하고
써 온 일기도 학우들 챙기라며
선생님 수고를 덜어 주려고
아니 내어 놓는다

지금껏 많은 양보로
희생하며 살아 온 세월
당연하게 받아들이는 인척

이제는
엄마만을 돌보며 사랑하라는
자식들 위안이 보험이다.

늘 행복한 교실 풍경 · Ⅲ

- 고문님

칠십여 년 전
학교 옆에 살면서
+ - × ÷가 싫어서
자퇴했다

학교 가라고
타이르는 할머니
야단치는 부모님
골려먹는 재미도 쏠쏠했다

골목대장 고스톱박사
내 멋대로 올곧게 살아온 인생
불편함이 없었다

희수 나이에
문해학교를 얼마나 다닐까
지켜보던 큰아들이
어머니 엉덩이가 대견하단다.

*희수: 77세 나이

늘 행복한 교실 풍경 · Ⅳ
- 총무

전국구이며
지역의 유지 똑순이

영어와 한문 배우러 왔는데
역사와 과학을 가르친다고
초롱초롱한 눈이 더욱 빛난다

이 나이에
학교는 생각도 안했는데
상급학교 꿈꾸는 노년이
장편소설 같은 삶이란다

희망 넣은 가방 메고
인생 이막 걷는 길
쫙 편 어깨의 총무는 청강생.

*초등졸업 후 중학진학을 위한 수업은 청강생

늘 행복한 교실 풍경 · V
- 꽃길

비단길이라신다

고슴도치보다 진한 사랑
배워야 출세한다며
낡은 교복 얻어 입혀 보낸 학교
부실한 도시락이 애잔하다던
우리 어머니

반백년 흐른 지금 반대로
꿈가방 메고 가는 등굣길
예전보다 작아져 가냘픈 체구
어머니의 맑은 미소가 빛난다

맛난 음식 친구들과 사드시라
옆구리 찔러 넣어드린 용돈
오십년이 지나니
내가 학부형이다

봉사 아닌 맹인으로 살다가
여행지도 읽고 간판도 읽는다며
나라에 감사하는 어머니가
나라를 일으킨 어머니시다

당신들의 헐벗은 굶주림이
이 시대 잘사는 기반이 되었고
책과 학용품을 지자체가 줘서
많이 고맙다지만 그게 당신 몫이다

이제 아프지 말고 꽃길만 걸어가세요.

늘 행복한 교실 풍경 · Ⅵ
- 늘 행복한 교실

까막눈의 한

누에고치 속 웅크린 자아
번데기로 오그라졌다

깊이 잠들 날
멀지 않아도 부화되는 학생

문해교실에서
매일매일 풀어내는 실타래

새 세상이 열렸다.

늘 행복한 교실 풍경 · Ⅶ
- 왕언니

곱고 가녀린 얼굴
90대 중반 왕언니
매일 아침 굽은 등에
책가방을 힘겹게 메고
문해교실을 오신다

목소리는 주름지고
연필 잡은 손이 춤춰도
각막에 낀 세월을 라식하고
시냅스가 교감하는
왕언니 출석은 변함없다

나라를 지역을 가정을
소리 없는 우레로 지킨
우리의 희생이며 뿌리요
산중인 어르신이
미수를 지나 백수에 이루는 꿈.

*문해교실: 평창군 문해학교/ 미수: 88세 나이/ 백수: 99세를 일컫는 말

늘 행복한 교실 풍경 · Ⅷ
- 칠판

말끔히 씻은
티 없이 깨끗한 얼굴

겨울잠이 깨기도 전에
열린 새 학기
임자 찾은 책걸상

검은 펜으로 그린 눈썹
봄꽃을 피운 붉은 마카
푸른 하늘 비행기가 날아
연기가 선을 그리다 사라지듯

칠판에 남은 상처
내 얼굴에 새긴 주름
배움이 주는 즐거운 도장.

가뭄

목마른 생명의 아우성

거북이 등이 되어버린 들판
새벽이슬마저 뺏어간 햇빛
단단히 화가 났나 보다

뿌리 얕은 식물은
말라 죽어도
큰 나무는 넓은 직경을 뻗어
뿌리가 더욱 튼튼해진다

축 늘어진
옥수수 팔이 뒤틀리고
덜 영근 푸른 고추는 붉게 탄다

표적 사살하는 해님
오존층 주범
방패막이 구름
전쟁의 연속이다

기우제를 끝까지 지낼 수밖에.

봄을 부르는 소리

열린 창으로
들어오는 햇살

겨울은 갔니?
널 만나려고
내년에 오라 보냈어

그럼
매일 창문으로 들어와
방 한 바퀴 돌며 저녁까지
놀다 갈래?

그래
흐린 날은
삭신이 쑤셔 못 오고
비 오는 날은 창을 닫아
못 들어온다

나도 몰래
빛의 속도로
햇빛 좋은 날
봄아 너 어서와!

합강소

우통수 물과 홍정천 물이
합강소에서 만났다

한강에서 맑은 물 찾아
꼬리치며 오른 물길
콜럼버스가 신대륙 발견하듯
합강소에 도착했다

오대천 열목어
홍정천 산천어가
한강 잉어를 반긴다

귀농 귀촌인과
지역민이 어울리듯
물고기 합강소.

*합강소: 평창군 용평면 백옥포리에 홍정천과 오대천이 만난 소 이름

고장 난 자동차

당근과 채찍을 들고
대관령을 오른다

액셀을 밟으니 열이 오른다
냉각수 한 모금 먹이고
달랜 후 또 떠난다

부글부글 끓던 속에서
뜨거운 구토를 뿜더니
못 간다며 주저앉는다

갓길로 겨우나와 세웠다

끌려간 응급실
수술대에서 끝난 응급처치 후
살았다고 소리치는 힘찬 시동소리다

부릉 부릉 부르릉~

야간버스

일출보다
일몰이 아름다운 곳
만학의 열기가 물씬 풍기는
421호 대학 강의실

교수님 생방송에
연식 구분 없이
시동만 걸면 드르렁 거리는
야간버스 잠꾸러기들

신차는 라이브
중고차는 재방송
똥차는 다운로드 개인방송

기말고사 검열대 오른 시험지
커닝 감독 나온 순찰대가
경로석에 몰래 보낸 정답
야속하게 통과시키는 톨게이트

눈치 챈 막내의 눈물
다음 학기 입장료에
근심걱정 아르바이트 구하니
왕 오빠가 함께 가자며 내준 입장료.

자동차 타이어

유명메이커 신발을 신고
타이어는 인터넷 검색하며
싸고 좋을 걸 찾는다

허술한 신발 신겨놓고
빨리 달리자고 엑셀 밟고
자갈밭 언덕길을 재촉한다

발이 아파
더 이상 못가겠다며
계기판이 경고를 띄웠다

발바닥에 뼈가 나오면
신발에 구멍이 나고
모두 위험하다.

3.

짝사랑

인생여정

서울 가는 여정이다
영동고속도로에서 보는
산수는 힐링이다

주말마다 줄지은 행렬은
무슨 볼일이 많은지
언제나 만원이다

지도에 많은 핏줄 그리듯
대동맥이 늘어나도
몰려드는 차량이 많아
심장질환 일으키기 일쑤다

오늘도 안전하게
작은 일에도 감사하고
나눔의 길 가기를 원한다.

입영하던 날

웃음 잃은 사람들이 모인 곳

보내기 싫고, 가고 싶지 않은 곳
아니 가서는 안 될 운명
환영식 군악대는 우리 마음을
더욱 슬픔으로 두근거리게 하고
이별 식장 읽어주는 편지와 큰절
부모들 마음 애잔하게 한다

입영소를 향한 신입병이
줄줄이 들어가지만
뒤통수에 붙은 눈
마주보는 마음
참았던 눈물을 몰래 훔친다

한번만 더 눈 맞추고 싶은 손
벤치에 올라 까치발 한 아버지
토끼 눈 되어버린 엄마
잔디밭 동아줄 잡고 보내는 입영소.

기싸움

싸움은 밖에서 해야지
새 식구 들이고
온 가족이 돌아가며
기싸움으로 나를 괴롭힌다

여자가 기가 세면
윗사람을 몰라본다며
이르고 쫓아와 싸우니
새신랑마저 남 편이다

5년이란 힘든 세월
10년이 지나도 내 가족
소중함을 알 듯 모를 듯
30년 흐르니 옛날이야기
나대로 살면 그만이지
살아온 세월이 대견하다.

아련한 기억

키보다 큰
내 책가방 메고
나도 3년 후에
언니 따라 학교 갈 거야

별스레 예쁜 아이
창백한 얼굴에 찾아온
진달래꽃 같은 열꽃이 피더니
양지바른 뒷산으로 떠난 동생

다시 못 올 먼 길을
멍석말이해 가던 날
눈물만 흘리던 두려움

봄이면 진달래 꺾고
짧은 생을 살며 놀던 기억
수많은 세월이 흘러도
잊히지 않는 아련한 얼굴.

별 그림자

공해로
빌딩사이 숨어버린
도시별

빛내지 않아도
높은 곳에서 차갑게
반짝이는 농촌별

빛 잃은 도시별
한강물에 그림자마저
사라진 무생물

캄캄한 밤
어두워질수록 살아나는
별들의 산촌행진.

코비드19

계절 변화 없이
상록수로 살 것 같지만
가을이면 잎이 떨어진다

백신 맞고
불로초를 먹어도
피할 수 없는 길이다

성형수술
개명하고 이사 가도
그분은 다 알고 있다

두렵던 존재가
독감보다 못한 바이러스
많은 문화가 달라졌다.

전나무 숲길

오대산 천년 숲길에 가면
수만 개의 나뭇조각으로 구성된
부서진 독이 있다.

오랜 세월
노천에서 죽어가면서도
퍼즐조각을 놓지 못하는 게 가족이다

눈에 무게를 참지 못해
쓰러진 전나무도
포토 존이 되어 우리를 반긴다

부모와 자녀로 맺어진
먼저 떠난 가족도
마음에 남아 대를 잇는다.

알고 있다

지금껏 헛밥 먹었으랴
소리쳐 우는 모습이 진심인지
병풍 뒤에서 향냄새 맡는
나는 알고 있다

잦은 출장 피곤해도
돈 벌어오는 나를 두고
저희들끼리 오순도순
가족여행 다니던 걸
나는 알고 있었다

명품 걸치고 조신하다며
기러기가족 캥거루족 된
너희 마음과 머릿속을
나는 알고 있었다

뿌리도 열매도 모두 주고
나무토막처럼 쓸모없이
낡은 몸과 다문입술이지만
나는 다 알고 있었다.

거미집

유리성이다

빛나는 성에 손님이 오면
형틀에 올려, 어디서 온 누구냐로
줄 고문이 들어간다

성 주인은 대왕거미 마마

먹고 남은 활어는
처마 끝에 꽁꽁 매달아 놓고
깊은 잠에 빠진다

다이아몬드 성이다

아침 햇살과 마주친 이슬
빛나는 풍경을 음미하여
숙성된 횟감으로 식사를 끝냈다

보석 같은 성에 새 한 마리가 걸어온다.

태풍

떡갈나무 자박생이*를
좌우로 흔들어댄다

소나무가 말리니
단따이* 한다며
더욱 성난 태풍이
소나무 머리채까지 잡아 돌린다

울고 있는 숲
분노조절 안되어 날뛰는 태풍을
보다 못한 대기가 눌러 앉힌다

사라진 태풍
치료되지 않은 상처
산사태로 무너진다.

*자박생이: 정수리 머리카락의 강릉방언
*단따이: 한 사람을 향해 패거리가 싸움의 강릉방언

시한부

편안한 밤
침대에 누울 수 있어 감사

아침에
눈 뜰 수 있어 감사

오늘도
무사히 살아줘서 감사

굳어 가는 간
말랑한 마음이 있어 감사

*정명숙 권사님의 하루하루 쾌유를 기도합니다.

짝사랑 · I

- 독백

내가 당신을 사랑하는 건
내 앞에 있지만 만질 수 없어서입니다

내가 당신을 사랑하는 건
내 앞에 있지만 볼 수 없어서입니다

내가 당신을 사랑하는 건
정말로 정말로 사모해서입니다

내가 당신을 사랑하는 건
영원히 사라지질 않기 때문입니다

내 삶은 당신으로 인하여
비울수록 채워지는 짝사랑입니다.

짝사랑 · II
- 기다림

달라면 주려고
준비하고 기다린다

별도 달도 다 따다가
모두 줄 것이다

너는 나의 새끼니
무엇인들 아깝지 않다

주문만 하면 두 손이 아닌
마음 가득 넘치게 줄 수 있는 부모란다.

짝사랑 · III

- 내 속의 나

나는 나일뿐이지
내가 있음을 몰랐다

바쁘게 짝사랑 했던 이
하나 둘 떠난 후에 나를 만났다

늦깎이로 몰랐던
나는 외로움에서 나를 찾았다

비면인 듯 대면으로
내가 나를 만나 사랑하게 되었다

내가 네게 했던 사랑이
맞사랑이란 걸 이제야 알았다.

둥지

집나갔던 새가
지지배배 돌아온단다

맛난 걸 줄까
푹 쉬게 할까
재미있는 곳으로
데리고 놀러갈까

상상으로 끝나고
눈치만 살핀다

각자 방에 틀어 박혀
자고 일어나
스마트폰만 보다가
밀린 일이 있다며
기약 없이 날아가 버린다.

샌드위치 고통

요양원 어머니가
응급실을 드나들 때마다
얇아지는 지갑에 근심이 채워진다

명품공주 모셔다가
짝 맞춰 살림 냈더니
기둥뿌리 흔들리는 소리 들린다

맨주먹으로 잡은 돌덩이
손바닥 파고들어 모래가 되고
아랫대와 윗대에서 빼내는 돌이
모래로 스르륵 스르륵 사라진다.

내 맘대로 안된다

티에 올린 공
프로처럼 멋지게 홀인원
내 맘대로 안 되고 어긋난다

다음 홀도 그다음 홀도

아슬아슬
해저드를 건너고
벙커를 지나 그린에 올렸다

더블보기 안타까움 반
오비 안냈으니 감사 반

지나고 보면
더 잘 칠 수 있었는데
안타까움뿐이다.

지구를 살리자

지구가 고열을 일으키고
빙하가 흘린 눈물이
바다를 채운다

오존층이 뚫리니
공중전 기압들 싸움에
우주가 몸살을 앓는다

코로나가 한시름 놓으니
물과 불이 지구촌 곳곳에서
불쑥불쑥 혀를 내두른다.

욕심

젖 먹던 스펙까지
모아모아 대기업 입사
일개미 되기를 꿈꾼다

부피 없는 숫자통장
채워도 채워지질 않는
시간 맞춰 칼 출퇴근이다

모니터 속 주식분석
쪽박 찼다 대박 내며
꿈을 꾸다 현실로 돌아오곤
오늘은 개미로 기다가
내일은 새가 되어 날아간다

주어진 감사를 모르고
끈끈이주걱 유혹에도
내일을 채우려고 뛰는
욕심이 둥둥 떠다닌다.

살림 밑천

머리부터 발끝까지
통통하게 살찌워 보시한다

암놈은 씨받이
수놈은 논밭에 일꾼이었다

기계화 농업으로
노동력 착취가
근절된 줄 알았더니
병렬로 세워
고도비만을 만든다

송아지 길러 살림 밑천
전답 사고 대학 보내던
귀한 몸이 지금은
최고의 입맛이다.

천국의 계단

내 마음이 천국이니
시야가 아름답고 넓다

출근한 딸 가엾어
외손자 돌봐주니
사위가 고맙단다
아들 내외 맞벌이에
내 짐의 절반이
아들네로 가있다

자식들 파출부하고 오니
치매 어머니 간호한 남편이
힘들다고 투덜거린다

이 또한 나의 복

한 계단 한 계단 오르는 천국
내 마음이 천국이다.

황혼

청춘을 바친 단풍은
후회도 포기도 없다

사랑한단 고백
부끄러워 붉어진 얼굴이다

비바람과 구름이
떼어 놓으려 해도 천생연분이다

설레는 가을하늘에게
단풍은 재혼하는 청춘이다.

가을 저녁

봄부터 마시던 술이
여름비에 깨는 듯 싶더니
부어라 마셔라 대면서
천지를 노을이 붉게 물들인다.

4.

비밀번호

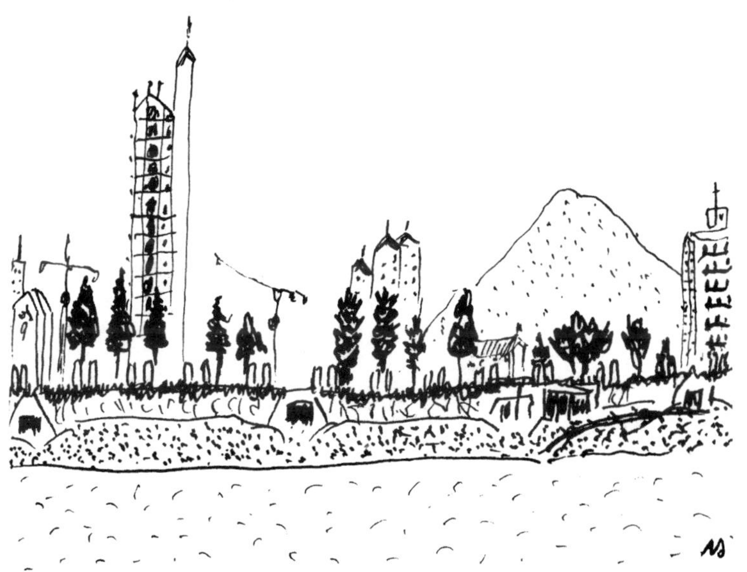

스포츠 경기

안 보이는 별까지
따다준다는 말에
속는 셈 치고 따라갔다

별 따러 가는 줄
알았던 신랑은
안방과 신혼방을 넘나드는
탁구공이 되었다

어디로 튈지
종잡을 수 없는
삼각관계 만들고 사라지는
시누이는 럭비공이다

고래 싸움 새우 등 터져본
형님은 이쪽저쪽 이해하는
뙤약볕 비치공이다

매서운 시어머니 야구공이다

나는 오늘도
단단한 골프공으로
세게 맞고 아픈
공으로 살아간다.

선생님 가족
- 문해교실 · I

아들 딸 사위 며느리
임용고시 통과한 선생가문이다

문맹 어머니의 대리만족

자식들이 선생님이니
어머니도 배우러 오셨다
한글 문해가 된다

이제는 다 배우셨단다

공부가 끝이 있느냐는
아들 선생님 말씀에 오늘도
가쁜 숨 몰아쉬며 나선 등굣길.

인천댁

- 문해교실 · II

맨 앞자리에 앉아
열심히 공부하시다가
2교시만 되면 안절부절못하신다

영감님의 잠자는 치매
혼자 깨어나지 못할까봐
대문 잠근 게 죄스러워 그러신다

얼마 전 요양원으로 이송해
면회 가는 날만 손꼽는다
딸은 아빠가 엄마 얼굴 잊을까 염려돼
영상통화 자주 하라고 폰도 바꿔드렸다

인천댁 오정자 학생은
한글을 빨리 읽고 쓰고 싶단다
이미 지금도 잘하고 계신데.

대장간 집 천사표

- 문해교실 · Ⅲ

인생을 담금질 하듯이
대장간에서 청춘을 바쳤다

가끔 영감님이 술에 의존해
'씨'큰소리 내도 웃음으로 넘긴다

침대 위에서 고스톱을 치자면
숙제도 미루고 놀아주는 현모양처다

바람에 휘어진 나무처럼
굽은 허리 등에 가방 메고
매일 큰 다리 건너서 등교한다

소극적 성품이라
말이 느리고 어휘력이 약해도
숫자의 개념은 빠르다

학교 다니는 아내를
외조 잘하는 남편이 고맙다는
천사표 우등생이다.

학교 가는 건 행복하다

- 문해교실 · Ⅳ

산골길을 걸어서
두 시간씩 하루에 네 시간
아홉 살까지 이 년을 다녔다
비가 오면 못가고
농번기에도 못 갔다

배고파도 참으며
학교 가는 건 행복했다

보릿고개에도
언제나 동생은 풍년
학교 가지 말고
동생 보라는 말이
어린 나에게 시한폭탄이다

나이 미수에 꿈만 같다
학교 가는 건 행복하다며
너무 좋아 나라님께 감사하신다.

이대로만 있어줘요
- 문해교실 · V

와상환자라도 좋아요
이대로만 내 곁에 있어줘요
늘 기도하신다

산촌에서 나물 뜯고 살다가
아들이 마련해 준 아파트 생활
어릴 적 소원이던 꿈가방을 메고
상권이 살아 있는 시내에서
학교 공부하는 게 너무 행복하다

한순간 와상환자가 된 남편
박복하다 하다가 바뀐 마음
요양사님께 맡기고 등굣길 나선다
빨리 다녀온다고 눈으로 인사
영감님 누워있어도 좋으니
이대로 더 나빠지지만 말아요.

꿈엔들 만나고 싶다

- 문해교실 · Ⅵ

까막눈 끼리 만나도 마음이 맞으니 고생인 줄 몰랐어요. 농사도 짓고 장사도 하고 알뜰히 살았어요. 일가친척 없이 외로우면 자식을 더욱 사랑하고, 기댈 곳 없으면 부부가 의지했어요. 금쪽같은 자식 사남매 출가시키고 소박하지만 살만한 노년이었어요. 노인대학이 아닌 진짜 학교가 지자체에 생겨서 우리 부부는 함께 다녔어요. 시화전 편지쓰기도 참여하고 시상식도 함께 다니며 상금으로 학우들에게 밥도 샀어요. 잉꼬부부라는 소문도 났어요.

어느 날 숨이 차다는 남편을 119 불러 응급실로 갔는데 결국 말 한마디 없이 몇 시간 만에 우린 이별을 했어요. 함께하던 공부가 있어 지금도 학교 다니며 당신을 그립니다. 뭐가 그리 바빠서 서둘러 가셨나요. 발걸음이 얼마나 안 떨어졌을까요. 꿈엔들 좋으니 한번만 만나보고 싶어요. 나는 걱정 마세요. 당신 몫까지 공부하리다.

두 집 살림
- 문해교실 · Ⅶ

황혼육아 주말 학생이다

힘든 건 손주 재롱으로 잊고
맞벌이 아들내외 안쓰러워 나선 길
도시 생활이 나름 행복하다

금요일 집에 오면
마당에 풀이 반긴다
집안 공기도 외출하려고
몸부림 쳐도 그대로 두고
몸은 학교로 향한다

초등학교 6학년
옻나무에 올라가 놀다가
못간 학교가 중퇴다
가늘고 깊이 박힌 못
미수에 뽑아 버리려고
매주 2회 등굣길에 오른다.

호랑나비

호랑나비 한 마리가 날아갔다.

애벌레, 꽃, 노랑나비, 흰나비를 두고 먼 하늘로 회갑 해에 기약 없이 날아갔다. 서울에서 지인 소개로 축산업이 대세라고 듣고 온 평창. 호랑나비가 하늘소쯤 되는 줄 알고 쓴 힘이 무리였던가. 막내딸 수녀님 종신서원 기뻐하던 모습이 어딜 가고 슬프게 하나요. 수필 등단 식 때 산에서 뜯어다 대접한 산촌음식도 생각이 나요. 애벌레는 어미 품이 그리워 새벽이슬 맞으며 매일 슬피 울고, 꽃은 나비의 수정을 기다리며 늙어간다. 통일되면 자식 앞세우고 가고 싶던 고향 개성을 하늘가는 길에 가보셨나요. 노랑나비 흰나비에게 그리움만 남겨두고 냉정하게 떠난 얄미운 호랑나비.

늙어가는 농어촌

골목마다
쌀 한 되, 연탄 두 장
외상거래 하던 구멍가게
영양실조로 쓰러지니
보약도 약발 없다

하나, 둘 사라진 화전민
독가촌 입구 만물상회는
마을공동회관 어르신 놀이터
애기울음 그친 지 오랜 지방마다
젊은이 모습은 찾을 길 없다

하나로마트가
시내에 가장 큰 건물
자손들이 주고 간 돈 들어가는 곳
적막한 지역이 늙어가고 있다.

비밀번호

효도하겠다고 생일 초대한 자식 집 문턱이 백두산이다.
아파트 진입부터 주차장에 있는 현관도 비밀번호 없이 못 들어간다. 엘리베이터를 타고 올라간 대문 앞에서도 요구하는 구중궁궐이다.
온 가족이 환영해 주며 반갑게 맞이한다. 인형 눈처럼 생긴 CCTV가 감시하듯 내 마음에 거슬린다. 와이파이로 연결되는 스마트폰도 비밀번호를 달라고 한다. 온통 비밀번호 세상 집에 들어와 감시당하고 있는 느낌이다. 사람과 사람 사이에 말과 말 사이에 비밀번호보다 더 많은 투명 벽이 있는 것 같다. 식당가는 것도 소통이라며 예약하고 가고, 목소리도 낮추고, 깨끼발로 걷고, 마음이 불편해서 빨리 집으로 가고 싶다. 메뉴판에 처음 보는 이름과 처음 맛본 별미도 맛있다는 말과 다르게, 소화도 안 되고 내 입맛은 희한한 맛이 진심이다.
샌드위치들이 모여 사는 우리 동네가 최고다. 대문도 안 잠그고 음식도 나눠먹고 큰소리로 웃고 땅이 꺼져라 쿵쿵거리며 걸어도 된다. 소소한 기쁨과 슬픔도 함께 나눈다. 이웃과 먹는 나물밥이 고기반찬보다 맛나다.

안경

어머니의 눈물보다
안경을 써서 좋았던 네 살 아이
어린이집에서 안경 때문에 인기다

인심 쓰듯 한 번씩 씌워주면
네 개 눈이 두 눈보다
안 보인다며 어리둥절해 한다

내가 공부를 잘 하니
안경 써 잘한다며
일부러 어머니께 안 보인다
떼쓰는 친구들도 있었다

중학생 때
학급의 절반이 쓴 안경
수업에 지친 아이들이
쉬는 시간 스마트폰 검색
쉴 틈 없는 눈의 피로로
귀와 콧등이 평생 고생이다.

손가락

아픈 손가락이 되고 싶었다

여섯 손가락의 서열
부모님 사랑 차지하려는 욕망

든든한 장남 엄지
장지의 긴 위엄 큰딸
엄지 붙었다 검지로 가는 둘째
반지로 포장하는 약지와 새끼손
변방을 돌던 육손이는

다섯 손가락 손바닥이
모두품은 선물이다.

선거

열악한 엔진

볼트 한 개 없고
너트 두세 개 없어도
자동차는 달리지만
닦고 조이고 수리하지 않으면
대형사고 난다

수 만 개의 부품으로
자동차가 굴러가듯
세상도 돌아간다

배고프면 기름 넣어
어디든 갈 수 있지만
에어클리너 먼지 안 털고
재사용하면 변색되는 게 보인다.

코비드19 후

만남이 달라지고
인사가 달라졌다

대면에 칸막이가 생기고
세상을 선글라스로 보았다

대중교통이 줄어들고
결혼 장례 문화가 달라졌다

위생수칙이 좋아져
백세는 문제없다.

호기심

술 담배 마약
해롭다는 걸 알고 있다

힘들 때 찾아오는 유혹
달콤한 속삭임이 호기심이다

장난이 중독되면
돌아 올 길을 잃어버린다

질풍노도만 걱정 아니다
우리 모두 정신 차리자.

장맛비

반갑지 않은 손님이 온다
시도 때도 없이

가기 싫어도 갈 수밖에 없다
바람이 밀고 무게에 밀려서

산도 나무도 피해자다
산사태로 돌과 흙이 떨어져

지붕이 천막이 우산이 막는다
내가 싫다고 피해서

모두 힘을 모아 강둑을 뚫었다
마을을 집어 삼키고 영근 농토를 강타했다.

의사 선생님 말씀

'암'이란 짧은 한마디

보호자와 환자는
순간
영혼과 몸이 분리된다

잘 살았는가
어떻게 해야 될까
꿈일 거야

현실을 직시하자

선생님 말씀 한마디 한마디가
구세주이고
저승사자이다.

실버카

할머니가 끌고 가는 실버카

유모차 속 아이는
소망 찾아 떠났고
지금은 그 속에
지난세월 사연을 넣어
경로당과 시장을 구경한다

빛바랜 실버카와 노모는
오늘도 세트로 다닌다.

지팡이

굽은 목덜미
작은 산이 된 등
어머니가 지팡이다

흙 풀 돌뿌리도
앞장서서 지팡이로 두들겨
내 길을 만들어주셨다

좋다시던 빈 둥지
신발장 우산대에서 나와
산책도 쇼핑도 마음껏 하세요.

개보다 낫다

해피 쥬디 혜리
개 이름도 애칭이다

이사 가는 날
잃어버릴까, 다칠까
쩔쩔매며
가슴팍에 끓어 안고 다닌다

돈 벌어 오는 나에게
이것 저것해라
머슴이다

개는 이래야!

우리 진돌이는
텃밭 입구 개집에서
가죽목걸이 체인 끌고
하루 종일 반경을 헤맨다

갈빗집서 먹다 남긴
고기 붙은 뼈다귀 주면
흙을 파서 몇 개는 묻어두고
킁킁거리며 흙 묻은 별미가 좋아
주인에게 껑충껑충 점프한다

지나가는 사람에게 어딜 가냐?
공중 나르는 나비도 부르고!
내가 오면 반가워 컹컹 짖는
행복지수 만점짜리 개다.

일회용품

플라스틱 빨대

쉽게 사용하고
간단하게 행동한다

가볍게 버리고
미래 생각을 안 했다

눈에서 멀어지니
까맣게 잊었다

모이고 쌓여서
내 등에 꽂혀 나를 뺀다.

5.

커피나무

대관령에 살고 싶다

금강소나무
대관령에 뿌리 내리니
바위가 틈을 주며
함께 살자 붙잡는다

태풍 폭설 안개가
백두대간 허리춤 날아가는
진달래 철쭉을 불러 앉힌다

동서풍이 몰고 왔나
아름다움 시샘하는 솔잎혹파리

영혼 떠난 금강소나무
그루터기마저 매장 당하니
산불이 와서 화장 시켰다

친구 잃은 바위는
동해 경비원이 되어

날아가는 구름에게
흑송나무 데려와 살자하니
반정을 휘저으며 스멀스멀 오르던
산안개가 맑게 걷히며 대답한다
그래 좋아~

꽃순이

갑돌이는 없고
꽃순이 되려고 갑순이는
밤기차를 타고 상경했다

드넓은 세상
서울에 홀로 서니 꿈은 멀고
동생들과 부모님 향수에
밤마다 상념에 잠겼다

어느 날
백마 탄 왕자가…
꿈일까 생시일까 싶다

왕자 집에서는
어느 성 공주가 올까…
꿈에 부풀었다 실망한 눈초리다

쓰러져 가는 양반가를
무수리처럼 갑순이 일으키니
꽃순이와 꽃미남 인연이
붉은 노을 같이 아름다운 축복이다.

교통지옥

자전거가 많던 곳
오토바이가 많던 곳
쉴 새 없이 열리던
가이드 말 주머니

허술한 싸구려 수제품으로
부르릉거리는 버스에서 털던 주머니
늘어뜨려 장사꾼 어깨에 멘 진열꾸러미

한중수교 삼십년
서울인지 북경인지 혼합된 거리
두발이 사라지고 네발 자동차가
뒷골목조차 뇌경색을 이룰 듯
교통지옥을 이루는 베이징거리

세종대왕 솜씨가 익숙한 간판
산을 만들어 우뚝 솟은 빌딩이
우리나라인지 중국인지 헷갈린다.

시험

당신을 사모해야 될 운명
내게 엄습하는 권태기
부모님 기대 부응하려고
노력에 또 노력을 기울인다

마음이 누르는 어깨
터질 듯한 머리와 가슴
시간이 이대로 멈추고 싶다

과목마다 처음부터 끝까지
눈맞춤으로 머리에 새겨도
보고나면 좀 더 잘할 걸 후회
평생을 보고 싶지 않은 시험.

손주 탄생

양수에 밀려
헤엄쳐 달려 나온
궁금했던 세상이다

반가움 아픔 두려움
허전함을 한곳으로 모아
'응애~' 소리쳤다

다르지만 닮았고
비슷하며 다른 얼굴
같으면서 다른 목소리들이다

세상을 헤엄쳐
많은 것을 익히는
모험이 시작됐다.

눈과의 전쟁

쏟아진 폭탄이
백색가루로 물들인 세상

지붕을 쏘니 구멍 나고
전봇대 사격은 캄캄한 지옥
초토화된 비닐하우스 안은
전쟁고아들의 아우성이다

토끼길 뚫고
경로당에 모인 피난민
포로 속에 기다리는
아군 유엔 해님 손길이 모여든다

꽃샘하는 행군
떨어지는 무기 눈발이
백기 들고 그치기를 기다린다.

청산도

주머니에 넣어
혼자 보고 혼자 갖고 싶은
여인과 떠나는 섬

여객선 차안에
둘만이 갇혀 있는 지금
이대로 시간이 멈춰도 좋다

막배 떠난 슬로시티
자전 공전이 고장 난 나라
태양빛 사이 낮달이 걸린 백야

나는 여인을 품고
여인은 섬을 품고
섬은 바다를 품는다.

완도여행

광활한 가을
전투기가 뿜어낸
살아있는 하늘그림

퀸 청산호
엉덩이가 뿜어내는 포물선
거품이 사라질 때마다
상현달이 되었다가
하현달로 찌그러진다

따라오는 학습된 갈매기
새우깡에 눈이 멀어
허공에서 쪼다가 놓쳐
바닷물로 다이빙해 성공한다.

무인도

이름만 들어도
엉킨 머릿속 정리할 곳

인적 끊긴 섬
아픔을 자르는 허공

어둠속 고통을 두고
자연인으로 나오는 치료 섬.

수와 우의 결혼

많고 많은 별 나라에서
우에게 온 수의 별

수와 우의 두 별 만남이
스파크 우레 함성으로
하나의 별이 되었습니다

달과 태양 앞에서
은하계 빛을 삭히며
어둠 속에서 더욱 빛을 밝히겠습니다.

커피나무

누가 먼저 자랄까
옹기종기 모인 농장
초록 꿈을 키우며 자란다

수줍게 자란 허연 속살
금값보다 비싼 커피콩
서로 모셔가려 한다

자루 속에 꽁꽁 묶여가
햇빛에 말리고 기계에 볶아
새까맣게 타버린 숯덩이

무지갯빛만큼 화려하지 않아도
갈고 눌러서
쓴맛 신맛 구수한 맛
아메리카노 커피 한잔.

서커스 월드

달인이 되었다

양팔이 기둥 되어
머리를 양어깨에 끼워
다리 사이로 빠져 나오니
거꾸로 보이던 세상이
한 바퀴 돌아 바로 보인다

인형일까
사람일까
문어일까

분칠 뒤에 숨은
무표정한 얼굴
집중력 투영시킨 묘기로
타국에서 보호자 없는
작은 체구가 벼랑 끝에 섰다.

혼합향

제주 문필로
하수처리장과 ○○○리조트가
도로를 사이에 두고 마주섰다

바람이 몰고 들어온 악취
방향제가 제거하려고 우뚝 서니
물 없는 전쟁 선포다

서북풍이라도 불어오면
직원들 총 동력해서
이겨야만 끝이다

투숙객에게 들키면 안 돼
대표끼리 물밑 작업
유순한 혼합향에도 결론이 없다

미탁

귀신소리가 뒤엉킨 밤
해일과 경포호수가 물범벅
진흙거품 물고 벚나무 길로
미쳐 날뛰며 부풀어 오른다

어둠 속 송정솔밭
흰저고리 검은치마 소복행렬이
옷고름과 치맛자락을 풀어헤치고
태풍에 펄럭이니
머리가 쭈뼛거린다

여명이면 사라질
영혼 없는 실체들
꼭 확인해 볼 것이다

태양이 어둠을 터트리니
소나무에 걸려 춤추던
흰색 비닐과 검은 비닐이 죽었다.

*미탁: 2019년 10월 가을태풍 이름

그랜저

그대 품에 앉으면
반갑게 품어주고
어디든 데려가는 그랜저

나이드니
눈도 헤드도 엔진도 힘들어
장거리 여행을 싫어한다

공기압 워셔액 오일보충
건강 체크하고 달려가다가
고속도로에서 기절했다

구급차에 견인당해 간
공업사 의사 선생님 말씀은
고혈압에 라지에터가 열을 받아
폭발해 헤드가 나갔단다

이별이 다가온다.

금쪽이

결혼이란 이름으로
엄마 품 떠나는 딸

열 살까지
집안 구석구석을
웃음꽃 피웠다
스무 살까지
보이지 않는 벽을 치고
공부방 들어가도 함께 있는 게
행복이고 안심이었지

대학을 가고
직장을 다니고
연애를 하여 둘이 될 때
작은 티에 실망하는 부모 등지고
윤지가 태중에게 간다고 하니
반대가 환영으로 바뀐다.

네일아트

장신구 없이 말초신경에서
몸으로 봉사하다 지친 손, 발톱

깎고 다듬어 화사하게
종물을 붙여 화장시켜 준다

예쁘던 부합물이
본체에서 떨어지는 순간

보기 싫고 만지기 거북한
흉물이 되어 휴지통에 들어간다.

사철나무

푸름을 수호하는 상록수
찾아오는 계절에
장사 없다

늘 푸른 잎도
몰래 단풍들고
때가 되면 갈아입는 옷

싱그러운 초록
영원할 줄 알았는데
세월을 못 이긴다.

가족

가족 위해
몸 바칠 수 있는 아버지

자녀라면
모두 줄 수 있는 엄마

사랑 찾아
가족 두고 떠나는 자녀

해체된 줄 알았는데
다시 이루어지는 구성원.

채석강

억겁의 나이만큼
쌓인 우정

채석을 치는 바람
대를 이어 지키는 갈매기들

철석거리며 읽는 파도
끝없이 무너지는 모래성

밀물과 썰물이 가져오는
격포항의 퇴적물.

한 달 살기

졸혼도 별거도 이혼도
못해보고
한 달 살기 나섰다

모든 근심걱정 털고
친구들과 떠나는
꿈같은 시간이다

삼일이 꿈결에 흘러갔다
한 주가 흐르니 불편하다
스무날이 지나니 집이 그립다
한 달이 지나니 너무 반갑다
모두가 그랬다

힘들었던 집안 일
귀찮은 남편 뒷바라지
내 할 일하러 간다 생각하니
참 좋다.

물티슈

태어날 때
나는 깨끗했다

살면서
당기는 대로 끌려가 일했다

열심히 일할수록
나는 더욱 더러워진다

너덜너덜 헤진 몸
쓰레기 마을로 가고
휴지통에 들어가니
세균들의 전쟁 통이다

가출해 거리를 배회했더니
썩지 않는 티슈라며
불지옥에서 화장당했다.

함께 살자

지구의 심장 암
만년설 몸부림이
우주의 전조 현상이다

울고 있다
남극이 흘린 눈물
북극 영구동토 층
살점이 떨어져 가는 빙하
온몸에 체온이 올라간다
지구가 아프다

폭발만은
제발 건강하게
우리 함께 살자 지구야.

윤슬

억겁을
쓰고 지우는 윤슬

바다를
A4용지 삼고

펜은
달빛과 햇빛으로

기록하면
해풍이 먹는 빅데이터

지금도
미래 키워드 찾는 윤슬.